봄 한 바구니 사들고

봄 한 바구니 사들고

✽ 박숙자 시집

도서출판 천우

● 시인의 말

고운 햇살, 바람, 꽃, 함박눈, 산야
위대한 자연 앞에 서면
마음은 언제나 빛나고
감사할 따름입니다.

시는 영혼이 맑은 사람이 쓴다고 했습니다.
여행, 등반, 사물에서 사유하며
한 땀 한 땀 아름다운 수를 놓아
자연에서 떠오른 순수한 시상으로
행복을 노래합니다.

독자들께 메마른 가슴 촉촉이 적셔주는
그런 시를 쓰기를 소망해보며
부족한 글 조심스럽게 펼쳐 보입니다.

2022년 5월 20일

박숙자

제1부
봄 한 바구니

● 시인의 말

가을비 _ 13

가을 소낙비 _ 14

가을은 석류의 계절 _ 15

가을의 길목에서 _ 16

가을향기 _ 17

겨울 창가에서 _ 18

눈 1 _ 19

눈 2 _ 20

봄나물 _ 21

봄의 선물 _ 22

비 오는 풍경 _ 23

빗방울 1 _ 24

빗방울 2 _ 25

새벽종 _ 26

소나기 같은 사랑 _ 27

첫눈 _ 28

파도 _ 29

12월의 비 _ 30

제2부
주기만 하는 사랑

가로등 _ 33

갈대 _ 34

기다림 _ 35

길 _ 36

능소화 _ 37

마법의 눈 _ 38

매미의 슬픈 멜로디 _ 39

민들레 _ 40

백만 송이 장미 _ 41

보름달을 품다 _ 42

산수유 _ 43

산은 나의 친구 _ 44

수동골의 꽃 _ 45

새들의 합창 _ 46

풀 _ 47

하얀 나비 한 쌍 _ 48

흔들리는 나뭇잎 _ 49

제3부
높고도 깊은 사랑

공주님의 탄생 __ 53
그리운 그대 1 __ 54
그리운 그대 2 __ 55
그리움 1 __ 56
그리움 2 __ 57
그리움 3 __ 58
그리움 4 __ 59
기쁨 __ 60
만남 __ 61
멋진 삶 __ 62
불꽃같은 사랑 __ 63
별이 된 소년 1 __ 64
별이 된 소년 2 __ 65
사랑 1 __ 66
사랑 2 __ 67

사랑이란 __ 68
삶 __ 69
윤성이의 재롱 __ 70
슬픔의 눈물 __ 71
승리의 기쁨 __ 72
아름다운 한 쌍 __ 73
엄마의 사랑 __ 74
엄마의 침묵 __ 76
추억 __ 78
하얀 세상 __ 79
희망 __ 80

제4부
파르르 떠는 풀잎

거제도 장승포항 _ 83
고성 바다의 밤 _ 84
관악산의 설원 _ 85
단양의 비 오는 풍경 _ 86
단양 남한강 갈대숲 _ 87
대구 김광석의 길 _ 88
두물머리의 아침 _ 89
무의도 괴암괴석 _ 90
바람 부는 섬 _ 91
백령도 _ 92
보성 녹차밭 _ 93
비금도 _ 94
삼척 갈남항 _ 95
설악산 선녀탕 _ 96
설악산 울산바위 _ 97

양평 친환경농장 _ 98
연인산 용추계곡 _ 99
인왕산 _ 100
임진각 _ 102
제주도와 우도 _ 103
태백의 추억 _ 104
파주 마장호수 _ 105
파주 로빈의 숲 _ 106
평창올림픽 _ 108
호명산 _ 110

제5부
여행의 이유를 찾아

다뉴브강의 슬픔 __ 113
대마도 __ 114
로마 트레비분수 __ 115
미국 그랜드캐년 __ 116
미국 라스베가스 __ 117
미국 산타모니카 __ 118
백두산 천지 __ 119
베트남 전신 마사지 __ 120
베트남 투본강 광주리투어 __ 121
서유럽 여행 __ 122
순백의 산야 __ 124
스위스 마터호른 __ 125
중국 황산 __ 126
자작나무 숲 __ 128

● **해설** 시인의 사랑과 향수(鄕愁) / 윤제철 __ 129

제1부

봄 한 바구니

가을비

고운 낙엽은
바람이 알싸하게 불어와 뒹굴고
시간은 허무하게 흐른다

회색빛 하늘에
가을비는 추적추적
대지를 두드리며

칼바람 부는 겨울이 온다고
슬프게 울려
소리 없는 아우성을 친다

하이얀 눈꽃
아~ 추운 겨울은 싫지만
아름다운 세상에 꿈을 꾸련다

가을 소낙비

갑자기 햇빛 가리고
쏟아지는 빗줄기

활짝 미소 짓던
가을의 열매들
소낙비에 젖어 눈물 흘린다

비가 그치고
찬란한 햇살에
곡식이 익어간다

내 몸을 불태워
눈부신 햇살 붙잡고
알알이 익어 기쁨을 선물 하고프다

가을은 석류의 계절

눈발처럼 내리는
고운 단풍 꽃비
마지막 빛을 발하며
보도 위에 뒹구는 꽃잎
조용히 사라져 간다

햇살은 눈부시게 쏟아지고
정열을 불태우며
알알이 사랑을 속삭이는
빠알간 석류는
루비처럼 빛나는 보석

핏빛의 입술
진홍빛으로
입 안 가득 머물고
애달픔으로 사랑도 익어간다

가을의 길목에서

부드러운 바람과
쏟아지는 고운 햇살
진초록 잎과 들판

코스모스 하늘하늘
생이 끝나는 게 아쉬워
매미는 슬프게 노래 부른다

생은 누구에게나
고귀하고 축복받은 것

뜨거웠던 여름은 고개 숙이고
가을의 상큼한 향기가
뚜벅뚜벅 걸어오고 있다.

가을향기

파아란 도화지에
예쁜 그림을 붙잡고
수많은 이야기
하늘 높이 날아오른다

나뭇잎은 미소 지으며
산새소리 음률을 타고
야생화 꽃은 나풀나풀
춤을 추고 노래 부른다

익어가는 새빨간 과일
붉게 타는 산야
금빛 물결의 황홀함
자연의 뜰 안에서 빛나고 있다.

겨울 창가에서

차가운 바람 일렁이는
사랑의 세레나데

파아란 하늘, 하얀 구름
햇살과 춤을 추고
반짝 빛을 낸다

찻잔에 내려앉은
피아노 선율이 흐르고

감미로운 차는 음률과 함께
김이 모락모락 피어나는
무지갯빛으로 물든다

눈 1

희뿌연 하늘 눈이 날려
나무도 매화 꽃송이
침묵이 하얗게 웃으며
안개꽃 주렁주렁
설국의 세상
아름답게 빛난다

사뿐사뿐 온몸에 날아와
하얀 나비는
안기며 속삭인다
대지도 숨을 쉬고
발을 간지럽히며
봄은 오고 있다고
매서운 추위도 잠깐이라며.

눈 2

아침이 찾아와
멋진 세상 펼쳐졌다고
간지럼 준다

바람 불고 추운 세상
척박한 땅과
나뭇가지에 투명한 보석들이
대롱대롱 매달려 신비롭고
솜이불로 덮어
하이얀 세상 주었다

풍요로운 들판으로
환한 미소 날리는
창밖의 풍경

기쁨을 선물하는
아~ 자연은 코로나로 지친 삶을
별처럼 총총히
오묘한 섭리 들려주었다.

봄나물

칼바람 이겨낸
노점상 은빛머리 할머니
겨울 찌꺼기 벗어 놓고
꽃샘바람에 떨며
행복에 젖은 봄을
쑥, 냉이 한 움큼씩 팔고 있다

봄 한 바구니 사들고
깃털처럼 가벼운
집을 향한 발걸음
식탁에 퍼지는 봄 내음
엄마의 젖 냄새가 난다

봄의 선물

화사한 꽃이
봄바람으로 일렁이고
햇살과 들판이 설렘을 준다

잠자던 생명들은 깨어나
강한 추위 견뎌낸
산수유가 배시시 빛을 발휘하며
노란별로 환하게 웃는다

바위틈 맑은 소리 퐁퐁퐁
초록이끼 가득한 푸른 사랑
그대와 나에게
아름다운 봄을 선물해주렴

비 오는 풍경

신록 짙게 물든
나무와 꽃밭엔
후줄근히 젖어
빗방울이 방울방울

어떤 이는 행복해하고
어떤 이는 절망을 느끼는 비
넘치면 모자람보다 못하나니
가뭄이 길어도 힘들고
비가 넘쳐도 힘든 자연의 이치

개망초 흐드러진 흰 밭에
눈송이처럼 하얗게
여름을 수놓는다 해도
우리의 삶이
항상 밝을 수만은 없듯
웃고 우는 자연의 섭리가 아닐까

빗방울 1

호수에 잔잔하게
그리는 동그라미
피아노 건반 위를 구르는 음률

유리창에 흘러내린 빗방울
허무한 시간처럼 파고드는 그리움

고즈넉한 풍경과 함께
방울방울 구르는 눈물

볼 위에 떨어지는
뜨거운 액체는
그대 가슴에 스며드는 빗방울

빗방울 2

회색 하늘과
은빛 세상에
음률로 떨어지는 음표

또닥또닥 방울방울
부슬부슬 주룩주룩
처마 밑과 우산 속에서
흐르는 노랫가락

풀잎을 흔들며
바람 따라 춤추는 빗방울

자연의 위대한 몸짓은
온 세상 빗방울 뿌리며
메마른 가슴 촉촉이 적셔준다.

새벽종

새벽종은 울린다
온 동네에 종소리는 잠을 깨우고
희망의 멜로디로
마음은 일터로 향한다

부지런하게
농토를 개간해서 가꾸고
가난한 서러움은 벗겨지고
곡간에 곡식이 쌓인다

끼니를 굶고
보리죽이나 나물죽만 먹었던 시절
이웃 간의 사랑은
가족처럼 끈끈했다

지금은
풍요로움으로 넘치지만
삶이 더 버겁고 힘들다.

소나기 같은 사랑

달빛은 환하게 미소 짓고
별빛은 반짝반짝 쏟아져 내려
세상은 온통 꽃밭

가슴으로 흐르는
은하수의 강
사랑의 강물이어라

무수히 많은 별 중에
후드득 떨어지는 특별한 별
벅차고 감격스러운
소나기처럼 퍼붓는 사랑

죽음보다 더 깊은 곳까지
빛을 밝혀 주리라

첫눈

온 세상 눈꽃으로
하얀 나비 나풀나풀
아름다운 풍경 위에
복을 소복소복 내려준다

까아만 세상
깨끗한 선물로 다 덮어주고
마음도 가볍게 날아간다

인생은 바다에 떠 있는 외로운 배
거친 파도를 항해하는
고달픈 삶

두려움이 있는 길일지라도
가시밭길 헤쳐 나가리라

고운 햇살에 빛나는
보석처럼 아름다운 눈꽃
희망의 끈을 꼭 잡으리라.

파도

풍랑에 부딪치며
부서지는 너의 모습은
몸부림쳐 달려와
울부짖어 맺힌 한

하얗게 부서진 꿈은 산산조각 나더라도
희망이 행복으로
꽃 피울 수 있게
푸르른 염원 영원히 간직해다오

끝없이 밀려오는
너의 아픔을 달랠 수 없으니
불꽃처럼 치솟아 떨어지는
거대한 물보라

파도야! 어쩌란 말이냐

12월의 비

말없이 강물처럼
저물어 가는 12월

흐르는 시간은
그리움으로 물든다

부슬부슬 비가
쓸쓸함을 안고 내린다

비를 뿌리는 대지도
회색빛으로 채색된
하늘을 닮았다

코로나로 칙칙한 세상
어두움으로 깔리는 도시가 삭막하다
소소한 삶이 그립다

초록이 숨 쉬는 물결
언제쯤 찾아올까

송년에 주고받는 덕담
희망의 끈을 잡아 본다.

제2부
주기만 하는 사랑

가로등

텅 빈 거리라도
외로이 홀로 서서
눈부시게 불꽃을 피워
어둠을 밝히는 너

바람은
외로워하지 말라고
눈물을 닦아주려 하지만

아니야 나는 사랑의 길을
환하게 인도하니
행복해 답하는 너의 침묵

자기 길에 대가 없이
묵묵히 최선을 다하는 삶
배우고 싶다

갈대

은빛 머리
바람 따라 흩날리며
춤을 추는 무희들

애간장을 태우는
슬픔의 몸짓
사랑 찾아 울고 있나

바람결에 울며 절규하는 모습
바람처럼 떠돌지 말고
사랑을 속삭여다오

하나 되는 날
울부짖는 갈대는
흔들리지 않으리니.

기다림

꽃향기 그윽한 바람에
춤을 추듯
넓은 들판에 야생화 꽃
안개 속에
기다림도 피어난다

성공을 향한 도전
힘든 나날의 연속
먼 훗날 알차고 보람된
삶을 위하여
보고픈 그리운 사람 기다리듯
고된 여정을
헤쳐 나갈 수 있다

길

바람과 들판길,
험한 산길은
끝도 없이 펼쳐진다
누구나 걸어가는
고달픈 삶의 길
바쁘게 걸어간다

어둠으로 채색된
황량한 길도 있겠지만
함께 손잡고
희망 품고 걸어가면
초원처럼 넓은
아름다운 길이 열리겠지.

능소화

사랑 찾아 별빛에 떨며
가냘픈 손으로 님 계시는 곳까지
오르고 또 오르건만

화려한 자태 요염한 모습으로
죽도록 사모하는 님 보고파
꽃으로 탄생되었나

담쟁이 넝쿨로 눈물 흘리며
보고픈 마음 접지 못하는
애달픈 사랑

님 앞에 선
슬픈 전설의 꽃이여

마법의 눈

아침에 눈을 뜨니
창밖엔 소나무, 산수유나무 등
하얀 옷을 입고 웃는다

세상은 온통 순백으로
마술에 걸려 있다

눈이 부시도록 아름다운 세상
눈 꽃밭에서 마음껏 뛰놀며
천사처럼 곱디곱게 살고픈데
마법에 걸린 세상은 잠시였다

오염되고 칙칙한 까아만 세상이
또 고개를 내민다.

매미의 슬픈 멜로디

뜨거운 여름 견뎌냈는데
풀꽃 향기 풀풀 날리는 초가을날
이제 생을 마감해야 하는가

구슬피 울며 부르는
통곡의 노래는
더 살고파 몸부림치는 것 같아
귀에 환청처럼 머문다

우리도 기쁨과 행복을 찾으며
버거움 안고
애달프게 사는 삶

매미의 슬픈 멜로디와 함께
메아리쳐 온다

민들레

척박한 땅에서
무리로 피워낸 노랑물결
미소 날린다

봄 햇살 기다려
추위 견디며
잉태한 고통의 꽃

희망을 심어 자유로운 꽃씨로
또 다른 세계에 훨훨 날아
비옥한 자리 잡아주겠지.

백만 송이 장미

가지각색의 고운 색깔
화려한 얼굴
여인의 화장기 짙은 매력을
자기의 색깔로
발산하는 당신

너무 예뻐 접근하지 못하게
가시를 뽐고 있지만
환한 햇살로
벌과 진드기까지 포근히
안아주는 당신

수많은 벌들이
당신의 달디단 꽃잎에
입맞춤하듯이
기쁨과 아름다움을 베푸는
당신을 닮고 싶습니다

보름달을 품다

인천대공원 호수에 떠있는 시화들
나풀나풀 꿈을 펄럭이니
바람, 비, 나무와 노래하며
찬란한 햇살로 빛난다

아름다운 시어를
잔잔한 물결에서 품으니
온몸 행복으로 떨리는 전율

살포시 햇살이 내려앉으면
어둠은 손님처럼 찾아오고
시어와 어우러진 보름달을 품다.

산수유

햇살이 부서지는 창밖
산수유 열매가 빨갛게
루비 보석처럼 반짝인다

봄이 오면 누구보다 먼저
노오란 꽃송이
아름다움과 향기로
송알송알 얘기 들려주고
마음을 노란별로 비춰준다

푸르고 푸르렀던 옷 다 던져도
매서운 추위 견뎌내며
석류 알보다 더 빨간 입술로
정열을 불태운다

산은 나의 친구

봄은 꽃으로 기쁨 주고
여름은 싱그러운 녹색 출렁이고
가을은 정열의 빨강색으로 사랑을 불태우고
겨울은 하얀 꽃으로 깨끗한 세상 선물하니
매년 4계절 예쁜 옷으로 수를 놓는 친구야

고달픈 삶 달래며 엄마의 품처럼
살포시 안아 주는 친구야
세상이 다 변한다 해도
항상 그 자리를 지키는
너의 본질을 사랑하며

굴곡진 삶을 헤쳐 나갈 수 있게
희망을 주는 고마운 친구야
너처럼 주기만 하는 사랑을
인간도 닮을 수 있다면 얼마나 좋을까

수동골의 꽃

수동골의 꽃길과 함께
유유히 흐르는 강물은
초록물감 뿌려 놓은 산야
한 폭의 수채화 그림

고운 햇살 꽃잎마다
살포시 내려앉고
온몸을 휘감는 향수로
황홀한 유혹에 빠진다

아름다운 꽃들의 향연에
나비가 되어
눈을 떼지 못하고
네 곁을 서성인다.

새들의 합창

나무들이 숲을 이뤘던
늦가을의 산자락
잎은 하나 둘 떨어져
앙상한 가지 위에 새들이 짹짹 짹짹
사랑을 속삭인다

추운 겨울이 오니
머나먼 나라로 떠날
얘기를 하는지
많은 새들이 모여 있다

따뜻한 곳을 찾아
날개 펄럭이며
끝도 없이 가겠지

힘들고 고단한 여정 속에서
서로를 위로하며 날아갈 것이다

새들의 합창 소리가
유난히 아름답게 들린다

풀

일어서야 하는데
자꾸만 더 눕는다
폭우와 장마에
견디지 못해 풀이 눕는다

바람이 불어와
꼿꼿이 몸을 세우려
비틀 비틀거리며 애쓴다

희망의 속삭임에 지친
귀중한 생명
파르르 떨린다

인간에게만 있는 게 아니라
버거운 삶
풀에게도 있을 줄이야.

하얀 나비 한 쌍

나만의 정원에
마음을 다독거리며
하얀 나비 한 쌍 나풀나풀
주위를 맴돈다

백조의 호수 발레처럼
곱고 고운 날갯짓
부드럽게 때론 힘차게 솟아오르며
환상적인 몸짓이 곡선을 긋는다

끝없이 고달픈 삶의 여정
시간은 유유히 흐르고
나도 함께 흘러가고 있다
흰나비처럼 자유로운 영혼으로 날고프다.

흔들리는 나뭇잎

스산한 바람이 분다
갑자기 몰려온 추위에
몇 잎 남은 나뭇잎
오돌오돌 떨고 있다

몸통에서 떨어지기 싫어
바람 부는 대로
춤을 추는 이파리
힘겹게 손을 꼭 잡고 있어
가슴이 아프다

고달픈 삶도
혼탁한 시간에 묻혀
나뭇잎처럼 얼음 위를
조심조심 걸어간다.

제3부

높고도 깊은 사랑

공주님의 탄생

아담과 이브는 사랑의
보금자리를 마련했다네

백년이 가고 천년이 지나도
사랑은 영원하리라는 믿음에
깊은 숲 속 동화의 나라에서
미지의 세계가
온몸에 부서지고
행복한 나날이었네

꽃봉오리 예쁘게 피어나듯
사랑의 씨앗은 무르익어
공주님도 탄생하고
삶을 즐기는 모습은 사랑스러워라

그리운 그대 1

그리움으로 보고 싶은 그대
바람만 불어도
그대의 목소리인가
주위를 맴돌며 서성인다

바람에 흔들리는 나뭇가지
그대의 몸짓에 달려가지만
그대는 보이질 않아
슬픔은 한없이 흘러

끝없이 볼 위에 떨어지는
뜨거운 액체
빗물이 되어
흘러가는 강물

메마른 가슴
고달팠던 지난날
추억은 가시가 되어
절절히 저려와 아프다.

그리운 그대 2

이슬보다 더 영롱한 그대의 얼굴
보고 싶은 마음
절절하여 가슴이 메여 옵니다

어둠 속에서도 별처럼 빛나는 그대
그리운 등불을 켜고
그대에게 달려갑니다

어둠을 뚫고
무서운 길을 달려갔지만
바람 소리만 온몸을 휘감습니다

슬픈 눈동자
볼에 한없이 흐르는 눈물
그대는 보고 있나요

그리움 1

한 줄기 빛에서
피어나는 무언의 대화

잡힐 것 같으면서도
잡히지 않는 정적 속에
고요함은 숨을 쉴 수가 없다

암흑의 세계
애달픈 시간 속에
허우적거리며
그리움으로 몸부림친다

그리움 2

간절히 잡고 싶어도
잡을 수 없는
안개 속에 피어나는 꽃

이슬방울처럼 사라져도
미련에 떨며
새벽 안개로 피어올라
바다처럼 깊고 넓어지는 그리움

그리움 3

얼굴 비비며 보듬고 싶고
달콤한 향기에 빠지고 싶은데

어둠 속에서도
둥근 달처럼 떠오르는 얼굴

뼈 속 깊이 파고들어
그리움은 눈물 되어 흐른다

그리움 4

어둠이 내린다
그리운 별 하나
내 품에 안고 싶다

수많은 별이
흩어져 쏟아지는데
슬픔만 가슴에 안겨주고

뽀오얀 가로등처럼
은빛으로 피어난 하얀 별

간절히 잡고 싶은
보고픈 그리운 별.

기쁨

반짝반짝 빛나는 눈망울
별처럼 빛나고
호수같이 맑고 깊다

보물보다도 더 소중한 두 얼굴
조잘조잘 얘기하며
빨주노초파남보 하트를 날리니
마음의 향기로 기쁨을 가득 채운다

앙증맞은 몸짓을 보며
맑고 고운 모습으로
세월이 흘러도
아름다운 삶을 수놓길 바란다.

만남

당신과의 만남이
꽃잎이 햇살에 웃는 것처럼
환한 빛으로 왔습니다

삶의 터전을 가꾸며
예쁜 동산을 만들어
오손도손 삶의 노래

인생의 잔잔한 기쁨
당신으로 인해 미지의 세계가 열렸고
힘든 일이 있어도
헤쳐 나갈 수 있기에

만남은 축복이고
한결같이 꽃처럼 아름다운
삶이 될 것입니다

멋진 삶

사람은 누구나 높은 곳을 좋아합니다
많은 것을 갖고도 더 채우고 싶어
허전하고 불안합니다
꿈, 사랑, 지혜, 명예, 돈, 권력을 원하는 삶
마음 항아리의 욕심을 비워야 합니다

파아란 가을 하늘을 담을 수 있고
지혜의 풀꽃도 자라게 하여
물처럼 담담하게 흐르며
정직하고 진실해야 합니다

흘러가는 시간만큼 중요한 건 없습니다
순간순간 최선을 다하며
결과에 탓하지 말고
즐겁게 사는 인생이 멋진 삶입니다.

불꽃같은 사랑

우연한 기회에 맺어지는
인연의 신비로움
정열적인 사랑은
불꽃같이 활활 타올라 꺼지지 않았다

안보면 보고픔에
견딜 수 없는 시간을 몸부림치고
인내하며 한 쌍의 원앙새가 되었다

결혼 생활이 고운 햇살처럼
빛났던 시절
천사처럼 착하고
꽃처럼 아름다웠던 그대의 모습

행복한 시간을 영원히 누리지 못하고
교통사고로 세상을 떠난 그대
먼 훗날엔 그리움으로 남지 말고
기쁨과 사랑으로 머문 자리가 되자

내 생명이 끝나는 날까지
내 가슴에 숨 쉬고 있을 그대여!

별이 된 소년 1

바다 내음이 나는 소년
소라로 갈매기 파도소리를
귓가에 속삭였던 신비로운 소년

환상의 날개를 펴고
새들과 산야를 멋지게 그린
재주 많고 별을 좋아했던 소년은

사랑의 시를 보냈던
소녀를 애타게 보고파 했지만
만나지도 못하고 사라졌다
소녀도 보고파 그리워했지만
끝내 만나지 못했다

지금은 별이 되어
그 소녀의 가슴에
자리 잡고 있다

별이 된 소년 2

별이 떠 있는 차가운 바다에
영혼마저도 서러워
잠들고 싶지 않았는지

거칠게 밀려오는 파도는
보고픔에 몸부림치는 것일까
아우성치며 울부짖는다

못다 핀 꽃봉오리로 별이 된
소년의 애달픈 사연은
통곡으로 핏빛 물든 하늘과 바다

세상에 왔으면 희로애락의
삶을 맛보고
한점 점을 찍고 가야하건만

구슬피 울지 말고
잔잔한 은빛 물결 위에
아름답게 빛나는 별이 되어다오

사랑 1

빛 고운 햇살이 창을 두드리면
그대의 꽃향기가
심장을 파고든다

온 천지가 꽃송이로 피어
사랑은 이 세상을 다 갖는 듯
하얀 가슴에 쏟아지는 눈부신 빛
수많은 초록별로 뜬다

사랑 2

찬란한 햇살에 반사되는
유유히 흐르는 강물
다이아몬드의 윤슬

나뭇잎에 사랑을 엮어서
강물에 띄우면
별처럼 아스라이 먼 그대

가슴속에 피어나는
그리운 사랑
님 곁에 가려나

빛나는 별처럼
수 없는 세월이 흘러도
우리의 사랑은 영원하리.

사랑이란

사랑이란
서로의 가슴에
향수처럼 번지는
기분 좋은 향기

눈이 시리도록 바라보는
파아란 하늘 구름송이와
아스라이 먼 별처럼
잡을 수 없는 것

수많은 사연
애달픔과 서러움을
설렘과 행복으로
유혹하는 마술

삶

봄 여름 가을 겨울
사계절과 같은 삶

희로애락이 있는 삶
고단하고 끝없는 여정

미지의 세계를
희망 안고
걸어가야만 하는
길고도 먼 터널

윤성이의 재롱

온 가족 사랑받으며
귀엽게 춤추며 재롱부리고
집안 가득 안개꽃 같은
부드러운 눈웃음을 선물한다

바라만 보아도
맑은 이슬방울처럼
푸른빛으로 찾아온 보물
안기며 뽀뽀를 한다

앤드류사르쿠스, 메가테리움, 글립토돈 등...
공룡, 포유동물 책에
관심이 많은 호기심
이름을 맞추며 똘망똘망한 목소리

천사같이 고운 마음
가슴 설렘으로 기쁘게 한다
눈빛이 빛나는 사랑스런
아이로 성장하길 바란다

슬픔의 눈물

새소리 물소리 자연의 오케스트라 들으며
천상의 화원 날고파
천국 나비 되어 훨훨 날아가신 그대

아가 피부같이 뽀오얀 목련
고귀한 자태 수줍은 듯
봄바람 일렁이고
각양각색의 색깔 환희로 물결친다

화사한 봄
별이 되고파 했던 그대
비단결같이 고운 꽃길 밟고 가셨지만,

애달픔의 눈물
강물 되어 흘러내리고
보고픔은 파도처럼 밀려와 뼈에 사무친다

한 많은 세상
그리움을 우리 가슴에 남겨두고
아스라이 먼 별이 된 그대
부디 천국에서는 편안하소서!

승리의 기쁨

현충원 위패를 보면
꽃봉오리 피우지 못하고 떠난
임들의 혼이 가슴 아프다

70년 전 6월 25일 전쟁
시체들은 산더미였고
피는 강물처럼 흘렀었다

피폐한 나라
먹을 것이 없어 보리죽만 먹었던
한국은 무에서 유를 창조했다

사력을 다해
열심히 살며 노력했기에
세계 강대국으로 우뚝 선 것이다

코로나19로 인해 세계가 힘든 현실
우리는 전쟁의 아픔도 이겨냈기에
지금의 위기도 극복해 낼 것이다

그날이 오면
승리의 기쁨을 축복하며
희망의 노래를 부르리라.

아름다운 한 쌍

꽃향기 속에
잉꼬새 두 마리
꽃길을 날고 있다

눈이 부시도록 아름다운 한 쌍
둘만의 미래를 꿈꾸며
미지의 세계로
많은 사람들의 축복 속에
조심스러운 첫걸음

사랑의 힘으로
희로애락 극복해 나가고
한결같이 변함없는 사랑이 되리라
함께한다는 것만으로도 행복하기에

활활 타올라
꺼지지 않는 사랑의
불꽃을 피우리라

엄마의 사랑

전국은 링링 태풍으로 공포의 도가니
외출을 삼가야 하는 날
무서운 바람과 비를 뚫고
엄마께 가는 날

아가의 얼굴을 쓰다듬으니
고개를 떨구시는 엄마의 슬픈 표정에
가득 고인 눈시울
가슴이 아려 온다

고운 햇살처럼 빛나고
보름달처럼 크셨던 엄마
맞잡은 손은
새털처럼 떨리신다

나무와 진녹색 잎들이
성난 바람에 견디지 못하고
서럽게 윙윙 울어대는
엄마와 나를 닮은 듯하다

떨어지지 않는 발걸음
가득 채워진 사랑과 슬픔으로
엄마를 다시 품에 안을 수 있을까

울고 간 자리에
또 가을은 오겠지만
눈물은 비처럼 하염없이 흘러내린다.

엄마의 침묵

파아란 하늘과
짙푸른 바다만큼
자식에 대한 높고도 깊은
엄마의 사랑

가난했던 절망의 시절
모진 고생 견뎌
자식과 가정을 지켰으니
그 희생 위대하다

이빨 빠진 호랑이 쓸모없듯이
억척스러웠던 강인한 엄마는 어디로 갔을까
요양병원 침대 위에
삶을 유지하는 가엾은 엄마

엄마! 엄마! 불러보지만
서러운 세월 다 잊고파
엄만 빙그레 웃으시며 눈물만 흘리신다
치매와 함께 어린애가 되었나보다

엄마의 애달픈 삶
긴 침묵의 시간은
내 마음속을 후벼파며
온몸에 피멍이 든다.

추억

나무 그늘 아래 앉아
사랑을 속삭이던 소녀

추억은 사랑을 타고
그리움으로 물드네

아! 덧없이 흘러가 버린
빛났던 시절 그리워라

세월은 희미하게 흔적을 지우고
나무 그늘만 앉아 자리를 지키네

하얀 세상

나무 가지 위
하얀 꽃송이
눈부시도록 아름답습니다

대지는 동화 속
하얀 나라에서
토끼처럼 깡충깡충 뜁니다

고달팠던 마음은
눈 녹듯 사라지고
행복한 마법에 걸린 이브가 됩니다

거짓과 위선에
삶의 목표도 흔들리고
욕망이 춤추는 시대
대나무처럼 꼿꼿하지 못하고
비틀거립니다

언제까지 까아만 세상이 될까요
꿈을 꾸며 희망을 안고
하얀 세상에서
행복을 노래하고 싶습니다

희망

많은 길이 있건만
순간의 막막함
안개 속에 싸여
허우적거리며 몸부림칩니다

슬픔은 고통 속에 잉태하고
삶은 가시밭길이기에
환청처럼 들려와
비수처럼 꽂히는 화살

그럴리 없지 부정을 하지만
인생은 허무하고
하얀 백지가 됩니다

정신을 가다듬고
다시 일어나
희망이란 꿈을 꾸어 봅니다

제**4**부

파르르 떠는 풀잎

거제도 장승포항

노래처럼 달빛이 흐르며
춤추듯 별이 쏟아지고
별들의 속삭임은
낭만의 꿈을 안겨준다

친구와 함께 걷는 밤바다
은은한 불빛 속에
하얀 등대 장승포항
마음은 기쁨과 행복으로
파도처럼 출렁인다

학창시절 공부와 알바하랴
힘겨웠던 시절
2층 카페에서
아이스크림을 먹으며
친구들과의 대화 속에
깊어만 가는 달콤한 밤

소녀의 추억은
여행을 즐기며
사랑의 꽃편지로 쌓는다

고성 바다의 밤

총총히 떠 있는 별
은하수 강물로 흐르는
은빛 세상

교교한 달빛 별빛 벗 삼아
동백꽃보다 더 빨갛게
사랑의 빛으로 내 몸을 불사르며
인도하는 등대

하얗게 부서지고
또 부서지는 은파에
파도는 밀려와
마음은 미지의 바다를 항해한다

바다는 거칠어 두려운 항해일지라도
찬란한 햇살이 위로해 주듯
희망으로 뜨기에
행복한 돛단배가 된다

관악산의 설원

찬란한 햇살은 설원과 빙판 위에
무지갯빛으로 물들고
새들의 합창은 오케스트라의 향연

바위들의 오묘한 이야기 들으며
능선으로 오르는 발걸음
새가 되어 날개 펼친다

칼바람 부는 동산에
마스크 없는 얼굴
꽃처럼 예쁘게 피어난다

코로나 길고 긴
어둠의 터널을 벗어난
관악산 산행
희망의 물결로 출렁인다

단양의 비 오는 풍경

고즈넉한 분위기 빗방울이 속삭이니
초록 들판 나무와 꽃들
희망차게 빛나고 있다

지붕에 방울방울 떨어지는
빗소리 반주가
톡톡톡 마음을 두드린다

견지낚시로 잡은 갈겨니 튀기고
비 오는 풍경을 바라보니
물들은 무지갯빛 행복하다

여유로움이란 믿음이 있고
진실이 담긴 지인들과
소소한 삶의 꽃을 피우는 것

단양 남한강 갈대숲

꽃잎이 강바람 향기 따라
살포시 어루만지고

갈대의 속삭임
은빛 물결로
하늘 손잡고 넘실거린다

갈대도 춤을 추며
고운 햇살 밟으니
도란도란 얘기꽃을 피워 동무한다

사랑을 속삭이며
연인, 친구, 가족들도
나비처럼 퍼덕이며 웃음 띄우고

끝없이 펼쳐진 인생의 길도
험한 길이 아닌 예쁜 길로
펼쳐진다면 얼마나 좋을까

대구 김광석의 길

저편 하늘에서
노래 한 줄 종소리로 울리고
노래 한 곡 방울소리로 퍼지고
나풀나풀 기타 치고 노래하며
수많은 인파 이 길을 빛나게 하고
음파의 유혹에 꽃으로 피어난다

추억은 노래 따라
새순처럼 소록소록 돋아나고
음악성이 천재인 재주꾼
끝까지 발휘하지 못하고
김광석의 애잔한 삶도
떨림으로 메아리쳐 온다

생은 짧았지만
그대를 애도하는 팬
위안 삼아 편안히 잠드소서.

두물머리의 아침

모두는 하루의 시작을
저마다 어우러짐으로 폼 나게 가꾸며
진한 향기를 토해낸다

구름이 파아란 도화지에
예쁜 그림을 펼치면
햇살은 방긋 웃는다

물도 북한강과 남한강이 만나
기지개를 펴며
잔잔한 은빛 물결로 노래를 부른다

진초록 들판엔
연분홍 립스틱 바른 연꽃
새파란 우산 쓰고
하얗게 웃으며 유혹한다

진흙 땅 속에서 핀 꽃
어찌 저리 고울 수 있을까
인간도 저리 곱다면 얼마나 좋을까.

무의도 괴암괴석

아카시아 향기 풀풀
초록 물결 출렁이고
5월은 익어 간다

파도 소리 철썩철썩
갈매기 끼룩끼룩
자연의 합창은 희망과 생동감

파도에 부딪쳐
몸부림치는 기암괴석
아픔이 배어 걸작품 되었나보다

참고 견뎌야
삶도 성숙해지듯
무의도의 묵묵함을 닮고 싶다

바람 부는 섬

바다를 나는 갈매기 끼룩끼룩
하얗게 부서지는 포말
사랑의 물결이 은빛으로 출렁인다

은빛 향기는
영혼이 맑은 가슴에
침묵의 꽃씨를 뿌린다

외로이 홀로 떠 있는 섬
그리움은 바다같이
파랗게 물들어 간다

바람 부는 섬은
춥고 어둠이 있을지라도
낭만과 사랑으로 꽃 피운다

사랑은 은은하게
사찰의 종소리처럼
울려 퍼진다

백령도

파도에 깎이고 깎여
만들어진 콩 같은 조약돌
수정보석처럼 빛나는
콩돌해수욕장

10억 년 너머
태고의 신비를 갖춘
용암이 식어버린 갈람항
백로, 저어새 등 새들의 천국
짙은 해무가 깔리는 섬

성난 파도에 몸은 부서져
각양각색의 기암괴석이
고통을 참고 견뎌
걸작품으로 탄생되듯
인간의 삶도 노을빛으로
고통 속에 물들어간다

보성 녹차밭

고랑으로 이어지는 산자락
향긋한 녹색의 향연
봄바람 타고 농부의 얼굴이
하얀 웃음으로
파도의 은파처럼 퍼진다

메마른 땅이 고달퍼도
따가운 햇살
빛을 발하며
겹겹이 쌓인 잎
온몸을 불태운다

지친 나날 지나고 나면
비에 젖은 풀잎
진한 향기
풀풀 날리며
행복하겠지

비금도

푸른 바닷물과 쪽빛 하늘 사이
꽃잎처럼 예쁘게 홀로 떠 있는 섬
유람선은 바다를 환희와 기쁨으로
미끄러지듯 달린다

풍광이 아름다워
바람도 머물고 간 자리에
독수리가 날아가는 모습의 비금도

명사십리 해수욕장
끝없는 모래사장과 풍력발전기
하누넘해변에 펼쳐지는 거대한 하트
자연의 신비에 감동한다

살랑대는 바람 타고
온몸 행복으로 가득 채운다
가을의 끝자락을

삼척 갈남항

동해의 푸른 물
하늘과 바다가
맞닿은 수평선에
끝도 없이 펼쳐진다

물고기 비늘처럼 반짝이는 햇빛
파도소리와 갈매기 노래
바람에 실려
작은 섬이 그림 같은 자연의 선물
마음도 춤을 춘다

은빛 물결로 출렁이는
파도는 물보라 되어
하얗게 부서져 아름답다
수평선에서 밀려오는 지친 영혼도
파도에 실려 위안을 받고 싶다

설악산 선녀탕

풍경이 침묵을 깨고
나뭇가지 끝에 일렁이는 바람
고운 햇살 받으며
은빛으로 하얗게 쏟아지는 폭포

산새소리 물소리 연주하니
메마른 가슴 촉촉이 적신다
선녀가 살포시 몸을 적셨던
신비로운 선녀탕에 무지개가 뜬다

산길에서 웃고 있는
숱한 나무와 야생화 꽃
칙칙한 무거운 짐 다 내려놓는
자연에서 겸손을 배운다.

설악산 울산바위

각양각색 예쁜 색채로
그림물감을 뿌려 놓았다
마음도 물들어 황홀감에
나비처럼 날아다닌다
둘레가 4킬로미터의
6개의 거대한 봉우리
국가지정 문화재 100호

유서 깊은 세월 속에
많은 추억을 담고 있는
구름, 바람, 시선이 머문
우뚝 솟은 울산바위
언제나 그 자리에서
산봉우리는 영혼불멸

포근히 편안히 변하지 않고
사람도 자기 자리에서
참되게 살았으면 좋겠다

양평 친환경농장

정성 들여 가꾼 텃밭
유유히 흐르는 물처럼
녹색의 물결이 흐른다

고추, 토마토, 가지, 상추, 쑥갓 등
싱싱한 야채들이 춤을 춘다
주인이 가꾸는 정성 따라
사랑에 보답하는 야채들의 신비로움

쏙쏙 뽑아 식탁에 오르면
아삭아삭 씹히는 향기로움
반찬이 없어도 밥 한 그릇 뚝딱

차창에 스치는 풍경처럼
곱디곱게 꽃물 들어
비단결 같은 수를 놓았다

연인산 용추계곡

진초록 잎새들이 살랑살랑
코끝을 간질이고
용이 하늘로 승천했다는
수정처럼 맑은 계곡

물결 따라 흔들흔들
발을 담그니
마음은 꽃잎처럼 화사하다

발원지가 어딘지
새소리 물소리 따라
흘러흘러 종착역까지 가면
아름다운 세상이 기다리고 있을까

자연의 품안에서
모든 것 다 잊고
편안히 잠들고 싶어라

인왕산

국화 향기와 함께
숲을 이룬 진녹색 잎
자연의 품은 따뜻하고 아름답다

생명력이 강한 소나무
언제나 푸르름을 뽐내며
굳건하게 온몸을 세운다

어디서 오는 바람일까
반갑지 않는 손님에
나무들과 풀잎들이 파르르 떨고 있다

산 아래 마을에선
수많은 인파 인산인해로
바다를 만들며
파도처럼 출렁이고 있다

굉음은 천지를 진동하며
인왕산 정상까지 울려 퍼지고
슬픈 역사의 줄기가
가면을 쓰고 중심에 서 있다

억울함에 타협하지 않는
진실한 눈물 속에
인왕산도 울고 있다.

임진각

북녘 땅 바라보니
철책선 너머로
분단의 아픈 상처

바람에 흩날리고
나라를 위해 목숨 바친
산야에서 우는 영혼들이여

희생이 헛되지 않도록
전쟁의 괴로움 안고
뻥뻥 뚫린 녹 슬은 기차

철마는 달리고 싶다고
핏빛 아른거리는 슬픈 메아리로
가슴을 먹먹하게 한다

제주도와 우도

파란 하늘엔 하이얀 솜사탕
눈부시도록 아름다운 풍경들
바람 따라 마음 따라
발길 닿는 곳마다 힐링된다

싱싱한 회 쫄깃쫄깃 달달한 육질
입 안 가득 퍼지는 향긋함
노을이 지는 석양
빠알간 꽃잎의 바다를 보며
가슴도 소녀처럼 붉게 물든다

긴 시간 벅차게 달려온 삶의 길
스쳐가는 시간의 파편들
쏟아지는 영롱한 별빛 아래
노래가 되어 심장에 파고든다

태백의 추억

가난한 시절 호황을 누렸던 탄광촌
칼바람과 시린 가슴을
따뜻하게 녹이며
석탄과 연탄으로
검은 비 맞으며
돈의 위력을 맛보았을 그 시절

탄광촌의 봄날은
희망으로 활기 가득 넘쳤으리라

진폐증과 굶주림에 시달리며
버거웠던 삶의 흔적이
아프게 다가오는
공원으로 조성한 쓸쓸한 도시에서
황금만능 시대에 옛 추억이
무거운 발자국을 남긴다.

파주 마장호수

은빛 물결 위에
부서지는 햇살
살랑살랑 달콤한 바람

향기를 업고 건너온
출렁다리
한 폭의 수채화
그림이 펼쳐진다

수많은 인파
웃음꽃이 활짝 핀
각양각색의 옷차림이
예쁜 수를 놓았다

아름다운 자연의 노래는
무지개 빛으로 수놓으며
메마른 가슴에
단비처럼 촉촉이 적셔준다

파주 로빈의 숲

눈이 시리게 파아란 하늘
각양각색 솜사탕 구름은
신비로운 그림이다

풍요로운 들판에
일렁이는 부드러운 바람
나뭇잎, 풀꽃 춤추게 하면
세상은 초록빛 물결이다

동화 속 나라에서 가족과 함께
로빈의 숲 푸짐한 밥상에
입이 벙그레 열린다

눈 마주치며 먹는 즐거움
예쁜 나비로 날아다닌다

포만감을 안고
소나무가 울창한
장릉*을 산책하니
이 세상을 다 가진 듯 행복하다

청자빛 하늘이
산자락에서 부는 바람과 함께
축복을 내려준다.

* 조선왕조 16대 임금 인조와 원비 인열왕후가 안장된 왕릉.

평창올림픽

산 좋고 물 좋은 경관이
예쁜 대한민국
전 세계 스포츠의 꽃이
활짝 피었습니다

세계무대에 눈부시게 빛나고
아름답게 펼쳐진 개막식
피땀 흘린 노력이
뿌듯한 기쁨을 선물합니다

메달의 함성은
전 세계로 울려 퍼지고
우리들의 얼굴도
웃음꽃이 피어납니다

아~ 잊을 수 없는 감동
심장은 뛰고 열정은 넘쳐흐르고
스켈레톤, 봅슬레이, 컬링, 쇼트트랙 등…
행복을 안겨준
모든 선수들을 사랑합니다

환희, 희망 가슴 벅찬
조화와 융합의 에너지를
드론 띄워 수호랑 만들고
디지털로 구현된 기원의 탑
폐막식은 감동의 물결이었습니다

호명산

산 아래 펼쳐지는 청평호반
아름다운 풍경에 매료되어
환상의 날개 펼치며 날아간다

기차봉을 지나
울창한 숲길에 접어드니
가을바람 타고
소나무들의 향훈 솔솔

호랑이 울음소리
어흐응 어흐응
산천을 울려 호명산

옛날의 흔적을
산길에서 그리워한다.

제5부

여행의 이유를 찾아

다뉴브강의 슬픔

헝가리 부다페스트의 다리 밑
그 물결 통곡의 노래
슬픈 메아리로 들린다

다뉴브강은 똑같이 흐르는데
26명의 귀한 생명 차가운 물속에
영원히 잠들었으니 애통하도다

지친 영혼 행복 찾아 쉬고 싶은 여행이
새파란 달빛 쏟아지며
진홍빛으로 물들었다

부슬부슬 내리는 빗방울
핏빛으로 물든 강물에
억울하게 죽은 혼의 눈물이리라

그대들의 침묵
뜨거운 가슴으로
눈물을 흘리나니

가엾은 혼이여!
서러움의 고통 다 잊고
천국에서 편안히 잠드소서

대마도

뭉쳐 있던 푸른 멍
바위섬 부딪치고
하얀 거품 풀어내며
일렁이는 바다

묵언의 흐느낌으로
겹겹이 고단함이 솟은 대마도
많은 역사가 숨을 쉰다

원하지 않는 삶을 살았던 슬픈 여인
한을 토해내는 아픔
덕혜옹주 결혼 봉축비
가슴을 아리게 한다

춘향전을 읽고
감동을 받은 나카라이 토슈이
한편의 시였던
제자와의 사랑

하얗게 부서지는
삶의 여행길에 만난 흔적들
슬픈 역사는 이제 그만….

로마 트레비분수

눈부시게 빛났던 외모
영화 로마의 휴일*
오드리 헵번과 그레고리 팩
사랑의 설렘 꿈을 꾸었다

기쁨과 환희로 벅찼던 그날
오드리 헵번이 되어
젤라또 아이스크림을 먹으며
트레비 분수 앞

그리움과 기다림을
낯선 길 위에 놓고 왔지만
말없는 언약으로
세월이 흘러도 잊을 수 없는 거리

로마에 다시 올 수 있기를
동전을 던지며
바라는 전설을 믿었는데…

세월은 강물처럼 흐르고
추억은 가을 향기로
채색되어 간다.

* 영화 로마의 휴일 1953년 작품, 오드리헵번 아카데미 여우주연상 수상.

미국 그랜드캐년

빙하기에 시작된
광활한 대지
콜로라도 강의 급류로 생긴
대협곡 446킬로미터
해발고도 2133미터

어떻게 황무지 땅에
노오란 꽃이 무리로 피고
두 줄기의 강물이
파아란 색과 황토색이 될까

경비행기에서 보니
상상을 초월한 스케일과
신비로움에 가슴 벅찬 감동이
바다처럼 넓고 깊게 파도친다

미국은 복 받은 나라
신이 빚은 자연과
아름다운 대지를 선물 받았다

미국 라스베가스

정열과 열정이 넘치는 도시
쇼핑명소와 카지노
볼거리 많은 쇼
그 자체만으로도 매력이 넘쳐
많은 인파 속에
파도처럼 밀려가고 밀려온다

호텔, 빌딩의 야경들이 유혹하고
오색찬란한 분수
사진 찍는 모델이
발가벗은 몸매에
예쁜 그림으로 채색되어
황홀 속으로 빠져든다

끝도 없이 펼쳐지는
사하라 사막 위에
이렇게 멋진
도시를 만들 수 있을까
인간의 능력도
신과 같은가 보다

미국 산타모니카

파아란 하늘과
코발트색 물결이
한 몸이 되어 아름답고
야자나무 줄지어 있는 태평양연안
1909년 캘리포니아에 만들어져
떡가루처럼 고운 모래알이
초원처럼 남국의 분위기가
물씬 풍긴다

해변이 아닌 도로
차와 사람이 많이 다니건만
자유롭게 야자수 그늘 아래 누워
일광욕을 즐기는 여유로움
편안한 마음을 준다

풀 뉴먼 주연 영화 스팅 촬영지
행복한 주인공이 되어
우리도 이런 여유로움을
즐기는 자유분방한 그런 날을
소망해본다

백두산 천지

야생화, 따가운 햇빛, 바람, 진눈깨비
사계절을 만나며
천년만년 우뚝 서 있는 백두산 천지에
의미 있는 발자국을 찍는다

맑고 푸른 호수의 신비로움
자연의 경이로움에
폭풍처럼 불어오는
바람 속에 서 있다

명산의 장엄한 모습에
감동은 빗물이 되어
눈물처럼 흘러내린다

베트남 전신 마사지

온몸에 행복 바이러스를
나비같이 살포시 앉아
전파하는 가냘픈 그대여

색소폰의 강렬한 음파인가
바이올린의 잔잔한 울림인가
때론 부드럽게, 때론 강하게
율동하는 몸의 반응이여

아~
파랗게 멍든 육체를
깨끗하게 지워주는 마술사여

요리사의 손으로 기막힌 맛을 내듯
피곤한 심신을 풀어주는
아름다운 손이여!

베트남 투본강 광주리투어

자연으로 힐링되는 오지의 마을
황토색 물결 위
유유히 흐르는 3인용 광주리

물결 따라 노래하고 춤추며
모두 함박웃음 날리고
투본강에 퍼지는 '내 나이가 어때서'
여흥의 묘미를 즐긴다

베트남에서 한국가요가 멀리 퍼지니
마음은 흐뭇하고 뿌듯하지만

관광객으로 인산인해를 이루며
빌딩들이 솟는 다낭을 보며
세계의 강대국으로 대한민국도 거듭나길
바라는 마음은 커져만 간다

서유럽 여행

어린 시절 가고픈 나라
꿈에 그리던 서유럽 여행
소원이 이루어지는 날
가는 발자국마다 추억이 되었다

영국은 버킹궁 궁전
독일은 백조의 성
프랑스는 베르사이유 궁전
오스트리아는 황금지붕
이탈리아는 피사의 탑

세계 삼대 박물관
루브르, 대영, 바티칸
끝도 없이 펼쳐지는
감동의 물결이
바다처럼 출렁인다

'로마의 휴일' 트레비 분수
영화 속 주인공이 되었다
추억은 아름답고
살아 숨 쉬는 생명과 같은 것

여행지에서의 소중한 인연
사돈을 맺고 가족이 되었다
아들 부부는 꽃향기 가득
손자도 반짝반짝 빛나고 있다

순백의 산야

안개꽃을 뿌려 놓은 듯
찬란하게 빛나는
순백의 산야

걸을 수 없는 꽃길을
바다 위를 걷듯
조심조심 걷는다

목화솜이 달려있는
나무는 매화꽃 싸리꽃
수많은 꽃송이로 황홀하다

신비함이 존재하는 세상
동화 속의 나라

숲 속의 백설공주가 되어
하얀 눈길 나래를 편다

전설 속의 하얀 세상에서
가식이나 거짓 없는
아담과 이브 같은
삶을 꿈꾸어 본다

스위스 마터호른

활력이 넘치는 나라
거대한 대자연
자연이 숨 쉬는 곳
알프스의 산맥
마터호른 4478미터

순백의 설원에서
펼쳐지는 피라미드 같은
험준하고 장엄한 모습

하늘과 맞닿을 것 같은
안개 속 뾰족한 봉우리
4계절 스키를 즐기는
아름다운 세상

여행자의 행복한 모습에 끼어
백옥 같은 영혼을
파아란 물감을 뿌려 놓은 하늘에
감동을 걸어본다

중국 황산

바위 위에 붓을 닮은 소나무 몽필생화
72개의 기이한 봉우리
천하절경이라 부를까
숨은 비경 서해대협곡
중국 10대 풍경 명승지
유네스코 세계 유산 등록

신선이 된 듯 구름을 날고 있다
운해 사이로 보이는 풍경
침묵의 바위
기암괴석, 기송, 수많은 화강암에
웅장함, 험준함, 장엄한 풍경
보이는 건 모두가 경이롭고
억만년 세월이 흘렀을까
끝도 없이 펼쳐지는 서사시

땀방울은 송글송글
비는 추적추적
비에 젖은 새처럼 날지 못하고
아름다운 풍경에 매료되어
둥지를 찾고 싶었지만
꽃봉오리에 앉아 팔딱인다

자유로운 영혼을
황산에서 사랑과 시를 노래하며
불태우고 싶다

자작나무 숲

찬란한 햇살에 반사되는
하얀 몸통
순결하고 고고한 자태
눈이 부시다

은빛으로 빛나는
쭉쭉 뻗은
자작나무 숲은 동화 속 세상

그대가 부르는 사랑의 세레나데
안개꽃 같이 피어나고
온 산야에 메아리친다

● 해설

시인의 사랑과 향수(鄕愁)

윤제철(시인, 문학평론가)

1. 들어가는 글

　세상의 모든 사람들은 자신의 생각을 말이나 글자로 표현하며 느낌이나 감정을 나름대로 사물이나 사건에 비유하여 묘사하는 능력을 지니고 있다. 처음부터 잘 쓸 수는 없어도 습작과정을 거치면서 매체로 활용되는 대상을 관찰하다보면 예민해지는 감각은 상상력을 동원하여 사물의 입에 귀를 기울여 대화를 주고받으면서 내가 하고자하는 말을 매체가 독자들에게 대신 이야기하도록 시키는 능력을 지니게 된다.
　박숙자 시인은 한 달에 한 번은 무슨 일이 있어도 산행을 즐기는 일정을 갖고 있다. 자연과 함께 하면서 남들이 흔히 볼 수 없는 것들을 통하여 내면의식의 세계를 독자들에게 공감대를 높여 감동을 주는 표현 전략을 가지고 있다.
　언제 어디서나 밝고 다정다감하며 바지런한 행실로

화기애애한 분위기를 만들어 주는 박숙자 시인이 시집을 내겠다고 보내온 원고를 받는 것은 무척이나 반가운 일이었다. 한 편 한 편마다 시 안에는 시를 쓴 시인의 정서가 고스란히 담겨있고 오래된 습작기간을 함께 했던 기억 속에 살아있는 흔적들이 다가왔기 때문이다.

누구보다 박 시인의 시를 먼저 읽으면서 시의 세계를 여행할 수 있었던 것과 독자들에게 이해를 돕는 글을 쓰게 된 것은 행운이었다. 몇 편의 시를 만나 서평을 통하여 그 안에 퍼져있는 향기를 맡고자 한다.

2. 시인의 사랑과 향수(鄕愁)

① 시인의 사랑

「가로등」은 친절한 아저씨나 이웃으로 만났고 「엄마의 침묵」은 우리의 미래를 암시하는 거울로 비쳐주었다. 또한 「하얀 나비 한 쌍」은 고달픈 삶의 여정, 제약된 궤도를 벗어나 자유로운 영혼이 되어 날기를 갈망하고 「산은 나의 친구」는 많은 것을 주고 위로하며 스스로 깨닫게 배려해주는 속 넓은 어른으로 다가온다. 「빗방울」은 정서적 반응을 유발하는 자극과 반응을 반복하면서 그리움은 감상(感傷)에 빠진다. 이렇듯 누구 하나 그냥 스쳐 지나치지 않고 다독이는 사랑이 배어 있다.

  텅 빈 거리라도
  외로이 홀로 서서
  눈부시게 불꽃을 피워
  어둠을 밝히는 너

바람은
　　외로워하지 말라고
　　눈물을 닦아주려 하지만

　　아니야 나는 사랑의 길을
　　환하게 인도하니
　　행복해 답하는 너의 침묵

　　자기 길에 대가 없이
　　묵묵히 최선을 다하는 삶
　　배우고 싶다

―「가로등」 전문

　밤거리에 남들이 자는 동안에도 외로이 밝히고 서 있는 가로등이 애처롭다. 지나가는 바람이 안쓰러워 위로하지만 사랑의 길을 인도하는 것을 행복해한다. 작은 일을 하고도 생색을 내는 사람들에 비하면 묵묵히 자신의 일에 사명감을 다하는 그가 좋다.

　제각각 다른 일을 맡아 사는 세상에서 자신의 일에 모두가 만족하지는 않았다. 원하지 않아도 어쩔 수 없이 생계를 위해 선택한 고육지책이다 보니 즐겁게 일하는 자체가 부럽게 여겨질 수밖에 없다. 더구나 모두가 쉬는 밤에 불침번을 선다는 건 성가신 일이기 때문이다.

　화자는 대낮처럼 밝게 밝혀주는 가로등이 어떤 대가도 지불하지 않고도 도움을 주는 선행에 대한 칭찬을 하고 있다. 우리에겐 익숙한 과학문명의 이기를 누리는 일이지만 고마움을 주는 가로등은 일상에서 만났던 친절

한 아저씨나 이웃으로 비유되어 다가온다.

    파아란 하늘과
    짙푸른 바다만큼
    자식에 대한 높고도 깊은
    엄마의 사랑

    가난했던 절망의 시절
    모진 고생 견뎌
    자식과 가정을 지켰으니
    그 희생 위대하다

    이빨 빠진 호랑이 쓸모없듯이
    억척스러웠던 강인한 엄마는 어디로 갔을까
    요양병원 침대 위에
    삶을 유지하는 가엾은 엄마

    엄마! 엄마! 불러보지만
    서러운 세월 다 잊고파
    엄만 빙그레 웃으시며 눈물만 흘리신다
    치매와 함께 어린애가 되었나보다

    엄마의 애달픈 삶
    긴 침묵의 시간은
    내 마음속을 후벼 파며
    온몸에 피멍이 든다

                              —「엄마의 침묵」 전문

엄마의 자식에 대한 사랑은 높이나 깊이를 잴 수 없다. 어떤 상황에서라도 자식과 가정을 지키려 모든 것을 바쳤다. 그러던 엄마도 오래된 기계가 되어 고장이 나 망가졌다. 온데간데없이 어린아이처럼 침묵의 시간은 마음속을 후벼 파며 잠식해왔다.

 하고많은 난관을 이겨낼 때마다 버팀목이 되어주셨던 사랑을 보답하지 못하고 속수무책으로 요양병원에 모시고 바라만 보는 쓰라린 심정을 어찌하랴. 차라리 대신이라도 아플 수는 없으려나. 말 안 듣고 속 썩여 드리던 어린 시절이 밀물되어 몰려온다.

 엄마 핼쑥한 얼굴 굴곡진 주름에 지나간 삶의 흔적이 고스란히 자리 잡고 얼마 안남은 미래를 암시하는 거울로 비쳐주었다. 하고 싶은 말씀이 많을지라도 입에 담지 못하는 엄마의 현실을 안타까워하고 있다.

　　나만의 정원에
　　마음을 다독거리며
　　하얀 나비 한 쌍 나풀나풀
　　주위를 맴돈다

　　백조의 호수 발레처럼
　　곱고 고운 날갯짓
　　부드럽게 때론 힘차게 솟아오르며
　　환상적인 몸짓이 곡선을 긋는다

　　끝없이 고달픈 삶의 여정
　　시간은 유유히 흐르고
　　나도 함께 흘러가고 있다

흰나비처럼 자유로운 영혼으로 날고프다

　　　　　　　　―「하얀 나비 한 쌍」 전문

　나풀나풀 하얀 나비 한 쌍은 곱고 부드러운 날갯짓, 발레처럼 환상적인 몸짓, 일상을 가로지르는 긴 곡선을 긋는다. 바람이 조금만 세게 불어도 날아갈 것 같은 가냘픈 몸으로 허공에 떠있는 것만으로도 놀라운 하얀 나비의 유희는 바라다보는 화자의 마음을 움직이는 신비로운 힘을 지녔다. 몸은 움직이지 않아도 동작 하나 하나에 매달려 날아야하는 고달픈 삶의 여정, 제약된 궤도를 벗어나 자유로운 영혼이 되어 날고프다.
　하얀 나비는 봄날을 수놓았던 어린 날의 동심을 가득 실은 꿈을 지니지도 않았다. 이미 반환점을 지나 돌아오는 아쉬움을 떨치지 못하고 후회와 반성의 무게를 견뎌야 하는 지친 마라톤 선수의 재도약의 몸부림이다. 마치 화자의 심정을 하얀 나비 한 쌍에 비추는 영상처럼 함축된 언어로 운율에 맞춰 승화시키고픈 한 편의 시가 아닐까 여겨진다.

　　봄은 꽃으로 기쁨 주고
　　여름은 싱그러운 녹색 출렁이고
　　가을은 정열의 빨강색으로 사랑을 불태우고
　　겨울은 하얀 꽃으로 깨끗한 세상 선물하니
　　매년 4계절 예쁜 옷으로 수를 놓는 친구야

　　고달픈 삶 달래며 엄마의 품처럼
　　살포시 안아 주는 친구야

세상이 다 변한다 해도
항상 그 자리를 지키는
너의 본질을 사랑하며

굴곡진 삶을 헤쳐 나갈 수 있게
희망을 주는 고마운 친구야
너처럼 주기만 하는 사랑을
인간도 닮을 수 있다면 얼마나 좋을까

—「산은 나의 친구」 전문

  산은 움직이지 않는다. 어떤 일이 생겨도 놀라지 않고 언제나 반기는 친구였다. 계절이 바뀌면 바뀌는 대로 다시 찾아오라며 늘 함께 어울려주고 다시 찾아오라는 산이다. 산에게 많은 사랑과 희망을 받고 사는 사람들은 보고 배우면서도 따라하지 못하니 안타깝구나.
  산은 말한다. 겨울이 추워도 봄이 오기를 바라고 여름이 더워도 열심히 일한 보람을 열매로 보답하고 선선한 바람 부는 가을이 오는 약속을 믿기에 기대를 하며 달아나는 세월을 따라올 수 있었던 거라고 이따금 귀띔을 해주었다.
  우리를 다 품고도 남는 산은 엄마, 친구처럼 느껴지는 것은 당연한 것인지 모른다. 많은 것을 주고 위로하며 스스로 깨닫게 배려해주는 속 넓은 어른이다. 어떤 어려움에 주저앉아도 다 받아들이고 일으켜 세워준다. 고마움을 말을 한다고 다짐하지만 또 그냥 지나간다.

호수에 잔잔하게
그리는 동그라미

피아노 건반 위를 구르는 음률

　　유리창에 흘러내린 빗방울
　　허무한 시간처럼 파고드는 그리움

　　고즈넉한 풍경과 함께
　　방울방울 구르는 눈물

　　볼 위에 떨어지는
　　뜨거운 액체는
　　그대 가슴에 스며드는 빗방울

　　　　　　　　　―「빗방울 1」 전문

　호수 수면에 떨어지는 물방울을 본다. 한 방울 두 방울 셀 수없이 연달아서 떨어지면 동심원을 그리며 파동이 생기면서 마음속에 피아노 건반을 두들기듯 소리가 들린다. 그리고 그들은 무슨 할 이야기들이 그렇게 많은지 무언가를 속삭이듯 계속 비가 되어 내려온다.
　유리창을 적시며 흘리는 빗방울은 암만 바라다 봐도 보이지 않는 그리움을 쌓는다. 덧붙여 적셔도 투명한 창밖의 풍경은 울상이 되어 슬픈 표정을 감추지 못하고 흐느끼고 있다. 빗방울은 부서지고 또 부서지고 화자의 가슴은 하염없이 뭉개져 내린다.
　감당하기 어려운 감정은 오랫동안 지속하기 힘들어지면서 뜨겁게 그대 가슴에 스며들고 정취(情趣)로 볼 위에 떨어진다. 정서적 반응을 유발하는 자극과 반응을 반복하면서 화자의 그리움은 이보다 더 감상(感傷)에 빠질

수는 없을 것이다.

② 시인의 향수(鄕愁)

사물이나 추억에 대한 그리움이 향수(鄕愁)다. 아직도 해결하지 못한 아쉬움을 그대로 화자는 잠재울 수 없다. 「봄나물」은 무엇이든 해결해주시던 엄마가 백신을 가져오시려나 식탁 봄나물에서 젖 냄새가 난다고 묘사하고, 「인왕산」은 어려운 상황을 극복하지 못하고 울먹이던 탄식을 머금은 시어들로 결합시켰다. 「두물머리의 아침」은 자연에 핀 하나의 꽃이고 싶은 화자의 부러움이 샘솟고 「로마 트레비 분수」는 왜 여행을 하는지, 스스로에게 질문을 던졌고, 여행의 이유를 찾아가며 그 답을 스스로 알아내려 하고 있다.

  칼바람 이겨낸
  노점상 은빛머리 할머니
  겨울 찌꺼기 벗어 놓고
  꽃샘바람에 떨며
  행복에 젖은 봄을
  쑥, 냉이 한 움큼씩 팔고 있다

  봄 한 바구니 사들고
  깃털처럼 가벼운
  집을 향한 발걸음
  식탁에 퍼지는 봄 내음
  엄마의 젖 냄새가 난다

―「봄나물」 전문

몹시 차고 매운 칼바람은 견디기 어려운 겨울을 상징한다. 그와 전투하여 이겨냈다 생각하고 백전노장의 남루한 은빛머리에다 두터운 겨울갑옷마저 벗고 매복한 꽃샘바람에 떨며 봄에 돋아나는 봄동, 달래, 냉이, 돗나물을 인정 어리게 듬뿍듬뿍 담아 파노라면, 완연한 봄에 이르기 전에 서둘러 캐내는 행복에 젖은 봄이 진하게 묻어나고 있다.

겨울의 장막이 걷히는 날만 기다렸다. 넓은 들판에 여기저기 널려있는 봄나물들이 봄을 가져와 기다리는 손님을 만나기 위해서였다. 우리는 아직 봄이 오기를 더 기다렸지만 이번 겨울은 왜인지 길기만하다. 코와 입까지 가려야 견뎌내는 추위가 버티고 있다. 무슨 겨울이 2년이 훌쩍 넘었으니 말이다. 보고 싶은 봄은 깜깜 무소식이다. 무엇이든 해결해주시던 엄마가 백신을 가져오시려나 식탁 봄나물에서 젖 냄새가 난다고 은유하고 있다.

국화 향기와 함께
숲을 이룬 진녹색 잎
자연의 품은 따뜻하고 아름답다

생명력이 강한 소나무
언제나 푸르름을 뽐내며
굳건하게 온 몸을 세운다
어디서 오는 바람일까
반갑지 않는 손님에
나무들과 풀잎들이 파르르 떨고 있다

산 아래 마을에선

수많은 인파 인산인해로
바다를 만들며
파도처럼 출렁이고 있다

굉음은 천지를 진동하며
인왕산 정상까지 울려 퍼지고
슬픈 역사의 줄기가
가면을 쓰고 중심에 서 있다

억울함에 타협하지 않는
진실한 눈물 속에
인왕산도 울고 있다

─「인왕산」 전문

  조선 개국 초기에 서산(西山)이라고 하다가 세종 때부터 인왕산이라 불렀다. 인왕이란 불법을 수호하는 금강신(金剛神)의 이름인데, 조선왕조를 수호하려는 뜻에서 개칭한 산의 이름이다. 어느 날 반갑지 않은 손님들이 산 아래 마을에 인파가 인산인해로 출렁였다. 천지를 진동하며 슬픈 역사의 줄기가 가면을 쓰고 중심에 선 불의에 타협할 수 없었던 인왕산도 침묵 속에 지난날을 되짚어 울고 말았다.
  「자연의 품」,「생명력이 강한 소나무」,「나무들과 풀잎들」은 나라에 충성하고 부모님께 효도하는 근본정신을 새겨 살아온 순박한 민초로서 사건을 지켜보며 납득하기 어려운 상황을 극복하지 못하고 울먹이던 탄식을 머금은 시어들로 결합되어 다시는 당하지 않겠다는 자아

성찰의 이미지를 곧추세우고 있다.

  모두는 하루의 시작을
  저마다 어우러짐으로 폼 나게 가꾸며
  진한 향기를 토해낸다

  구름이 파아란 도화지에
  예쁜 그림을 펼치면
  햇살은 방긋 웃는다

  물도 북한강과 남한강이 만나
  기지개를 펴며
  잔잔한 은빛 물결로 노래를 부른다

  진초록 들판엔
  연분홍 립스틱 바른 연꽃
  새파란 우산 쓰고
  하얗게 웃으며 유혹한다

  진흙 땅 속에서 핀 꽃
  어찌 저리 고울 수 있을까
  인간도 저리 곱다면 얼마나 좋을까

         —「두물머리의 아침」 전문

 두 갈래 이상의 물줄기가 한데 모이는 지점을 두물머리라 한다. 하루도 일상들이 저마다 어우러져 진한 향기를 뿜는 것처럼 모아지고 파란 도화지에 구름도 햇살을 웃게 한다. 남한강과 북한강의 강줄기가 만나는 지점이다.

이른 아침에 피어나는 물안개, 옛 영화가 얽힌 나루터, 강으로 늘어진 많은 수양버들 등 강가 마을 특유의 아름다운 경관으로 인해 웨딩·영화·광고·드라마 촬영 장소로 자주 이용되고 사진 동호인들의 최고 인기 촬영장으로 특히 겨울 설경과 일몰이 아름다운 곳이다.
　팔당 댐이 완공되면서 육로가 신설되고, 일대는 그린벨트로 지정되어 나루터로서의 기능을 상실하고, 산책을 하다보면 진흙 땅 속에서 피워 올린 새파란 우산을 쓴 연분홍 립스틱 바른 연꽃은 어찌 저리 고울까, 자연에 핀 하나의 꽃이고 싶은 화자의 부러움이 샘솟는다.

　　눈부시게 빛났던 외모
　　영화 로마의 휴일
　　오드리 헵번과 그레고리 팩
　　사랑의 설렘 꿈을 꾸었다

　　기쁨과 환희로 벅찼던 그날
　　오드리 헵번이 되어
　　젤라또 아이스크림을 먹으며
　　트레비 분수 앞

　　그리움과 기다림을
　　낯선 길 위에 놓고 왔지만
　　말없는 언약으로
　　세월이 흘러도 잊을 수 없는 거리

　　로마에 다시 올 수 있기를
　　동전을 던지며

바라는 전설을 믿었는데…

세월은 강물처럼 흐르고
추억은 가을 향기로
채색되어 간다

―「로마 트레비분수」 전문

 트레비 분수는 고대 로마시대 전쟁에서 돌아온 병사들에게 물을 준 한 처녀의 전설을 분수로 만들고 분수의 정면 오른쪽 위에 이런 일화를 담은 조각품이 있다. 이곳에 오면 영화 「로마의 휴일」에서 유럽을 순방하던 이국의 젊고 호기심 많은 앤 공주(오드리 헵번)가 되어 딱딱하고 어렵기만 한 공식 일정에서 빠져 나와 자유를 만끽하는 듯 황홀하기만 하였다.
 젤라또 아이스크림을 맛보는 것과 전설을 믿고 로마에 다시 올 수 있기를 바라며 동전을 던지는 것 등, 빼놓을 수 없는 추억을 만들었고 이따금 떠올릴 때마다 바라지 않는 가을 향기가 피어나 가슴속에 퍼지고 있다. 화자는 여행이 자신에게 무엇이었기에 그렇게 꾸준히 다녔던 것인지, 인간들은 왜 여행을 하는지, 스스로에게 질문을 던졌고, 여행의 이유를 찾아가며 그 답을 스스로 알아차렸을 것이다.

2. 나가는 글

 시인은 평범한 사람들과 어울려 살면서 자신만이 갖

는 느낌과 생각을 지니고 산다. 누구보다도 예민해진 감각을 통하여 삶의 모든 과정에서 만나는 사물과 사건에서 시상을 만나는 일은 가장 반갑고 즐겁게 받아들이며 사는 사람들이다. 그 안에서 하고자하는 말들을 비유를 동원하여 앞선 정신세계를 표출해내는 각고의 노력을 다하여 자신은 물론 독자들의 정서함양에 이바지하고자 하는 것이다.

박숙자 시인의 시를 읽다보면 자연에서 만나 관찰한 사물에 대한 해석과 형상화, 시를 쓰는 동기나 느낌에 따라서 작품 속에 만들어진 주제를 아름다움, 슬픔, 외로움, 고독, 사회성에 두고 있다. 뿐만 아니라 사물에게 하나의 인격을 부여하여 소중하게 대하는 가운데 얻어낼 수 있는 생동감을 기대치 이상으로 끌어올리고 있다.

박숙자 시인은 자연을 사랑하고 있다. 자연을 만날 때는 연인을 만나듯 현실에서 간절하게 그리워했던 사랑을 나무와 숲에서 만난다. 숲을 보려다가 나무를 못 보거나 나무를 보려다 숲을 못 보는 경우가 없이 나무도 보고 숲도 보는 넓은 시야와 깊은 사고력을 지니고 있는 걸 확인할 수 있다. 이 시집 안에 자리를 같이하는 시들은 모두 사랑이 이슬처럼 묻어 있다. 시집 출간을 축하하며 독자들에게 박수를 받는 시인으로 빛나는 시인이 되시기 바란다.

문학세계대표작가선 970

봄 한 바구니 사들고

박숙자 시집

인쇄 1판 1쇄　2022년 5월 23일
발행 1판 1쇄　2022년 5월 30일

지 은 이 : 박숙자
펴 낸 이 : 金天雨
펴 낸 곳 : 도서출판 천우
등　　록 : 1992. 2. 15. 제1-1307호
주　　소 : 서울시 성동구 무학봉28길 6 금용빌딩 2F
전　　화 : 02)2298-7661
팩　　스 : 02)2298-7665
http://moonhak.wla.or.kr
E-mail : chunwo@hanmail.net

ⓒ 박숙자, 2022.

값 13,000원

＊도서출판 천우와 저자의 서면 동의 없는 무단 전재 및 복제를 금합니다.
＊저자와의 협의에 따라 인지는 생략합니다.

ISBN 978-89-7954-872-3